MON TOUT PREMIER JOUR D'ÉCOLE

L'auteur

Barbara Park naît en 1947 dans le New Jersey, aux États-Unis. Aujourd'hui, elle vit en Arizona avec son mari. Elle ne s'est mise à écrire que vers l'âge de trente ans, mais elle a déjà reçu plus de 40 récompenses pour ses livres.

Vous aimez les livres de la série

Suzie la chipie

Écrivez-nous pour nous faire partager votre enthousiasme :

Pocket Jeunesse - 12, avenue d'Italie - 75013 Paris

Suzie la chipie

Barbara PARK

Mon tout premier jour d'école

Traduit de l'anglais
par Nathalie Zimmermann
et adapté par Sophie Dieuaide

Illustrations de Corinne Bongrand

POCKET
jeunesse

Titre original :
Junie B. Jones and the Stupid Smelly Bus

Publié pour la première fois en 1992
par Random House, Inc., New York,
et simultanément au Canada
par Random House of Canada Limited, Toronto.

Loi n° 49-956 du 16 juillet 1949 sur les publications
destinées à la jeunesse : mai 2004.

ISBN 2-266-11920-6

1

B comme Béatrice !

Je m'appelle Suzie-B. Joly. Le B, c'est la première lettre de Béatrice. Je n'aime pas ce prénom-là, mais le B tout seul, j'adore !

J'ai presque cinq ans.

À presque cinq ans, on va à la maternelle. La maternelle, c'est un endroit où on se fait des amis et où on ne regarde pas la télé. Mais moi, je n'y suis pas encore allée ! Moi, je suis

restée tranquille à la maison jusqu'à maintenant.

Aujourd'hui, c'est mon tout premier jour d'école. Enfin pas tout à fait. Parce que j'ai déjà vu ma classe une fois. Ma mère m'y a emmenée la semaine dernière pour rencontrer ma maîtresse.

C'était la journée « portes ouvertes ». Ma maîtresse décorait un immense panneau avec les lettres de l'alphabet.

J'ai dit :

— Pff ! Je connais déjà toutes les lettres ! Je peux même les chanter si je veux… mais là, bon… j'ai pas tellement envie…

Ma maîtresse m'a serré la main. La sienne était vraiment très grande !

Elle s'appelle... madame... madame... Ah! Je ne me rappelle plus! Enfin, madame Truc-Machin-Chose m'a dit que j'étais « chou »!

— Je sais! ai-je répondu. C'est à cause de mes nouvelles chaussures!

Et j'ai levé le pied bien haut pour lui en montrer la preuve.

— Tu vois comme elles brillent? C'est normal! Je les ai un peu léchées avant de les mettre! Et tu sais quoi? Ça, c'est mon plus beau chapeau! C'est mon papy Jean qui me l'a acheté! Tu vois... il a des cornes de diable sur les côtés...

Ma maîtresse a rigolé mais je ne sais pas pourquoi. Les cornes de diable, normalement, c'est plutôt pour faire peur.

Ensuite, on a visité toute la classe. Elle m'a montré où se trouvaient les choses : les tableaux pour peindre, les étagères pour ranger les livres et les chaises pour s'asseoir dessus même s'il n'y a pas de télé à regarder.

Près du bureau de la maîtresse, il y avait une petite table vraiment petite avec une chouette chaise rouge.

— Moi, j'aimerais bien m'asseoir ici ! ai-je dit tout de suite.

Madame Truc-Machin-Chose m'a répondu :

— On verra ça la semaine prochaine, ma petite Suzie.

— B. ! ai-je crié. Suzie-B. !

J'ai crié vraiment très fort le B, pour qu'elle s'en souvienne bien.

Les grandes personnes oublient toujours mon B !

Maman a levé les yeux au plafond, alors moi aussi, mais il n'y avait rien à voir de spécial là-haut.

— Est-ce que tu vas prendre le car, Suzie-B. ? m'a demandé aussi madame Truc-Machin-Chose.

J'ai haussé les épaules.

— J'en sais rien. Il va où ?

Maman a fait oui de la tête :

— Oui, oui, elle prendra le car…

Alors là, je ne me suis pas sentie très rassurée parce que j'ai jamais pris le car, moi.

— D'accord, mais… euh… il va où, le car? ai-je de nouveau demandé.

Madame Truc-Machin-Chose s'est

assise à son bureau et elle a encore parlé du car avec maman.

J'ai touché le bras de ma maîtresse.

— Hé ! Je ne sais toujours pas où il va, ce car ?

Madame Truc-Machin-Chose a souri et elle a dit que le chauffeur du car s'appelait monsieur Séki.

— Monsieur Séki ? a répété maman. Voilà un nom que Suzie-B. retiendra !

Je me suis bouché les oreilles et je me suis mise à taper des pieds.

— MAIS OÙ IL VA, CE SALE CAR POURRI ?

En même temps, maman et madame Truc-Machin-Chose ont froncé les sourcils. On fronce les

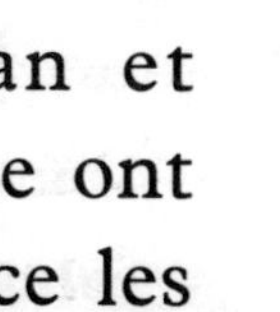

sourcils exprès pour se donner un air pas content.

— Tiens-toi bien, s'il te plaît, Suzie-la-chipie ! s'est écriée maman.

Suzie-la-chipie, c'est mon nom de quand on me gronde.

J'ai regardé mes chaussures, elles brillaient moins que tout à l'heure.

Juste à ce moment-là, une autre maman est entrée avec son petit garçon. Alors, je ne sais pas pourquoi, madame Truc-Machin-Chose ne m'a même pas répondu. Elle est allée leur parler ! Le garçon se cachait derrière sa mère, le bébé ! Il n'était pas costaud, je pourrais le battre facilement !

Maman m'a fait asseoir et m'a tout expliqué pour le car.

Elle a dit qu'il était jaune et qu'il s'appelait « car scolaire ». Et aussi qu'il s'arrêtait au bout de notre rue.

— Alors… tu montes dedans… tu t'assois… et il t'emmène à l'école ! a-t-elle ajouté. À la descente du car, ta maîtresse t'attendra. D'accord, ma Suzie-B. ? Ce sera amusant, non ?

J'ai dit le mot oui avec la tête.

Mais en vrai, à l'intérieur, c'était : Non !

2

Une grosse boule dans le ventre...

Pendant toute la semaine, j'ai eu la trouille du car. Et, hier soir, quand maman est venue m'embrasser dans mon lit, j'avais encore mal au ventre à cause de ça.

— Tu sais quoi ? lui ai-je dit. Je crois que, demain, je n'ai pas trop envie de monter dans le car de la maternelle...

Maman m'a toute décoiffée.

— Oh ! Mais siiiii ! Tu en as très envie !

— Oh ! mais nooon !

Puis elle m'a fait un bisou et elle a ajouté :

— Tu vas voir… Ce sera très rigolo ! Ne t'inquiète pas !

Mais je me suis inquiétée, beaucoup inquiétée. Et j'ai mal dormi.

Ce matin, quand je me suis levée, je n'étais vraiment pas en forme. J'avais comme une grosse boule dans le ventre, je n'ai même pas réussi à manger mes céréales.

J'ai regardé un tout petit peu la télé et maman a dit que c'était l'heure de s'habiller. J'ai mis ma jupe douce, la belle en velours, et aussi mon nouveau pull, le rose avec des bouclettes. Ensuite, maman m'a accompagnée au coin de la rue pour attendre le car.

Et vous savez quoi ? Il y avait déjà quelqu'un ! Une autre maman et sa petite fille qui attendaient à l'arrêt. Une petite fille avec les cheveux noirs frisés, c'est ça, mes têtes préférées ! Mais bon ! Je ne lui ai pas dit bonjour parce qu'elle n'habite pas ma rue.

Enfin, le gros car tout jaune est arrivé. Ses freins ont fait un bruit terrible et j'ai été obligée de me boucher les oreilles !

Les portes se sont ouvertes et le chauffeur a dit :

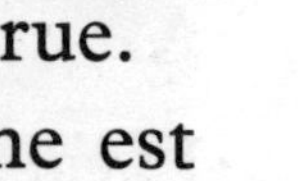

— Bonjour ! Je suis monsieur Séki… Montez !

Mais, moi, je ne suis pas montée. Mes jambes ne voulaient pas. Et j'ai dit à ma mère :

— Je crois que je ne veux pas tellement aller dans le car de la maternelle…

Alors elle m'a poussée !

— Enfin, Suzie-B. ! Tu vois bien que monsieur Séki t'attend ! Allez ! Monte ! Montre-nous que tu es une grande fille !

J'ai regardé par la vitre et j'ai vu la petite fille aux cheveux noirs déjà assise tout là-haut. Elle avait l'air drôlement grande comme ça. Et assez contente aussi.

— Tu vois comme cette petite fille a l'air grande, Suzie-B. ? m'a dit maman. Pourquoi ne vas-tu pas t'asseoir à côté d'elle ? Je te promets que cela sera très rigolo !

Alors, bon, je suis montée dans le car.

Et vous savez quoi ?

Ça n'a pas été rigolo du tout !

3

Un dégoûtant de car qui pue !

Le car, ce n'est pas comme la voiture de papa. C'est plus grand à l'intérieur mais il n'y a pas de housses sur les sièges.

La petite fille aux cheveux noirs était assise devant. Je lui ai touché le bras en lui disant :

— Tu sais quoi ? Ma mère m'a dit de m'asseoir à côté de toi !

— Non ! m'a-t-elle répondu. Cette place-là, c'est pour ma copine, Amélie Boulard !

Et paf! Elle a posé son petit sac blanc juste où je voulais m'asseoir. Alors, moi, je lui ai fait une super grimace !

— Jeune demoiselle ! s'est écrié monsieur Séki. Il serait temps de te trouver une place !

Alors bon, je me suis assise vite fait de l'autre côté de la méchante fille aux cheveux noirs. Et monsieur Séki a fermé la porte de son car.

Ce n'était pas du tout une porte normale ! C'était une qui se plie en deux, une qui fait *Pffchiiiifffff* quand elle se referme !

Je n'aime pas ces portes-là. Si l'une se referme sur quelqu'un, elle le coupe en deux et là, ça fait plutôt... un gros *Chouicplafffff !*

Le car a rugi comme un tigre. Derrière, il a craché un gros nuage de fumée noire. Dégoûtant ! Monsieur Séki a conduit un petit moment, puis les freins ont refait le bruit qui casse les oreilles. Je les ai bouchées, moi, mes oreilles ! Pas question de laisser ce boucan entrer dans ma tête ! Après, on n'a plus qu'à prendre de l'aspirine. Je le sais, je l'ai vu dans une pub à la télé !

Les portes du car se sont ouvertes. Un papa et un petit garçon qui faisait la tête sont montés. En souriant,

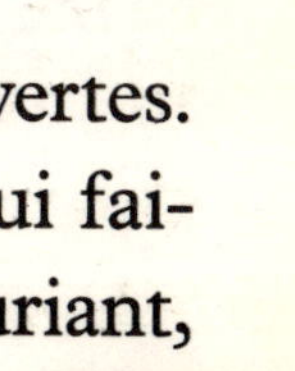

le papa a poussé le grognon juste à côté de moi.

— Voici Valentin, m'a-t-il dit. J'ai peur qu'il ne soit pas de très très bonne humeur, aujourd'hui !

Le papa lui a fait un bisou et le grognon s'est essuyé la joue.

Valentin avait un sac à dos. Un bleu. J'adore les sacs à dos. J'aimerais bien en avoir un ! Un jour, j'en ai trouvé un rouge dans une poubelle mais il n'était pas trop propre dessus et maman n'a pas voulu que je le garde.

Le sac à dos de Valentin a plein de fermetures Éclair. Je les ai comptées :

— Une... Deux... Trois... Quatre...

Et puis, j'en ai ouvert une.

— Hé ! Ho ! Hé ! Pas touche ! a hurlé Valentin.

Et ziiip ! il l'a refermée et il a changé de place !

Je le déteste, Valentin.

Après ça, le car n'a pas arrêté de s'arrêter, de partir et de repartir. Des enfants montaient et montaient ! Des bruyants comme tout. Des qui avaient l'air méchant !

Il faisait de plus en plus chaud dans le car. Le soleil tapait sur moi, juste sur mon pull en laine à bouclettes. Je ne pouvais même pas baisser la vitre, il n'y avait pas de poignée. J'avais chaud, de plus en plus chaud…

Pire que le bruit, pire que la chaleur, il y avait l'odeur ! Ça puait ! Ça sentait l'œuf pourri !

J'ai dit très fort :

— Je veux sortir d'ici ! J'en ai marre de ce car qui pue !

Personne ne m'a entendue.

J'ai senti du mouillé dans mes yeux. Mais je ne pleurais pas ! Parce que je ne suis pas un bébé.

J'avais le nez qui coulait un peu, et en plus il n'y avait pas de boîte à gants comme dans la voiture de mon père. Nous, c'est toujours là qu'on range les mouchoirs. Alors, tant pis, je me suis mouchée dans la manche de mon pull à bouclettes.

Le voyage en car a duré encore longtemps, longtemps… jusqu'à ce que je voie un drapeau et une très grande cour. Ça voulait dire qu'on était enfin arrivés à la maternelle.

Monsieur Séki a garé son car dans le parking et il a coupé le moteur.

J'ai sauté de ma place. Tout ce que je voulais, c'était sortir vite vite de ce car qui pue !

Vous savez quoi ? Valentin m'est passé devant ! Et la fille aux cheveux noirs aussi ! Et les autres m'ont serrée fort. Je les ai poussés pour qu'ils reculent. Ils m'ont repoussée encore plus fort !

C'est là que je suis tombée. Et une grosse chaussure a marché sur ma belle jupe, la douce en velours.

J'ai crié :

— Arrêtez !

Et monsieur Séki a crié :

— Oh ! Doucement !

Il m'a relevée et il m'a descendue de son car.

Madame Truc-Machin-Chose m'attendait comme maman avait promis.

— Bonjour ! m'a-t-elle dit. Je suis bien contente de vous voir !

C'était bizarre, je ne savais pas qu'à l'école on disait « vous » aux enfants.

J'ai couru vers elle et je lui ai montré la trace de chaussure sur ma jupe douce.

— Regarde ! Ils m'ont marché dessus ! Je suis toute salie !

Madame Truc-Machin-Chose a frotté ma jupe avec sa main en me disant :

— Ne t'en fais pas, Suzie ! Ça va partir…

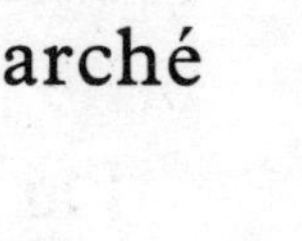

Alors, moi, j'ai croisé les bras et j'ai froncé les sourcils.

Parce que vous savez quoi ? Elle avait encore oublié mon B !

4

Lucille, moi et les autres...

Certains enfants du car étaient dans la même classe que moi. Valentin, par exemple. Valentin que je déteste.

Madame Truc-Machin-Chose nous a fait mettre en rang et on l'a suivie dans notre classe. Elle s'appelle « la classe numéro neuf ».

Beaucoup d'enfants attendaient déjà devant la porte. Quand la maîtresse a ouvert, ils se sont tous précipités à l'intérieur.

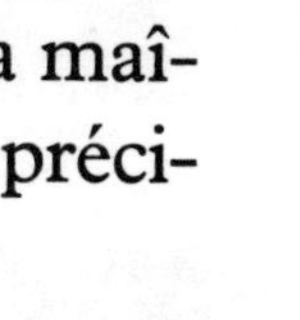

Cet imbécile de Valentin a marché sur ma chaussure neuve. Ça faisait une marque sur le brillant ! Et pas le genre de marque qui s'enlève avec un coup de langue !

J'ai crié :

— TU NE PEUX PAS FAIRE ATTENTION ! ESPÈCE DE PATATE POURRIE DU PÔLE NORD !

Madame Truc-Machin-Chose s'est penchée vers moi et m'a dit :

— À l'école, on essaie de parler avec sa voix la plus douce…

Moi, j'ai fait oui avec la tête mais j'ai répondu :

— Je le déteste, Valentin !

Puis madame Truc-Machin-Chose a frappé très fort dans ses mains.

— Je veux que tout le monde trouve une place, nous a-t-elle dit. Je veux que tout le monde s'asseye aussi vite que possible !

Alors, j'ai couru à la petite chaise rouge mais… vous savez quoi ? Il y avait déjà quelqu'un dessus ! Une fille. Une fille avec du vernis rouge sur ses ongles.

Je lui ai touché l'épaule et je lui ai dit avec ma voix la plus douce :

— Je crois que je voudrais m'asseoir ici…

— Non ! J'y suis !

— Oui mais, moi, j'avais choisi cette chaise-là à l'avance. T'as qu'à demander à ma mère si tu ne me crois pas !

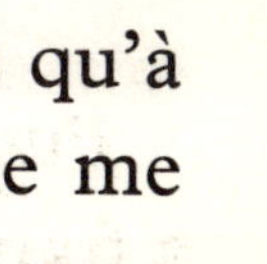

Elle ne m'a même pas répondu, elle a dit non avec la tête.

— S'il vous plaît ! Trouvez une place ! a répété ma maîtresse.

Elle a encore frappé dans ses mains et j'ai été obligée de m'asseoir très vite sur une chaise jaune super nulle.

De la même couleur nulle que ce dégoûtant de car jaune !

Après ça, madame Truc-Machin-Chose est allée au fond de la classe ouvrir un très grand placard. La « réserve », ça s'appelle. Elle en a sorti des ronds blancs et des crayons de couleurs tout neufs et très pointus. Après la distribution, elle nous a demandé de marquer notre prénom dans le rond et de l'accrocher devant notre table.

C'était notre premier travail !

— Si vous avez besoin de mon aide pour écrire votre prénom, levez la main ! a dit madame Truc-Machin-Chose.

J'ai levé la main comme elle a demandé et je lui ai expliqué :

— Moi, j'ai pas besoin qu'on m'aide ! Ma mamie Louise, elle dit que c'est génial comme je l'écris bien !

J'ai choisi un crayon rouge. Mais j'ai eu comme un problème. J'ai fait mon Suzie trop grand et je n'avais plus de place pour mon B. Il était tout petit, en bas, tout minuscule.

J'ai crié :

— Il est trop petit, cette nullité de rond pourri !

Rond pourri !
Suzie

— Chuuuuuuuut ! a fait la maîtresse.

Et elle m'a donné un autre rond.

Je lui ai dit merci poliment et, aussi, je lui ai redit que ma mamie Louise trouvait que c'était génial comme j'écrivais bien.

La fille avec ses petits ongles peints en rouge avait déjà fini. Elle m'a montré son rond.

— L-U-C-I-L-L-E, m'a-t-elle expliqué, ça fait Lucille !

— J'aime bien ce prénom-là, lui ai-je répondu. Parce que tu sais quoi ? Ça me fait penser à LUCIOLE et à toutes les bestioles qui brillent quand c'est la nuit !

Ensuite, madame Truc-Machin-Chose nous a distribué du papier à dessin, du beau, et on a dessiné notre famille.

La maîtresse m'a donné un bon point pour mon dessin qui était très réussi. Sauf papa qui était trop petit. Et sauf aussi les cheveux de maman qui ressemblaient un peu à des bâtons.

Après ça, madame Truc-Machin-Chose nous a emmenés visiter l'école. On devait se trouver un copain pour marcher à côté en se donnant la main. Mon copain, c'était une copine, c'était Lucille.

Devant nous, il y avait le garçon pas costaud du tout que j'avais vu à la journée « portes ouvertes ». Son copain pour marcher à côté de lui, c'était Valentin.

Valentin, que je déteste.

Le premier endroit qu'on a vu, c'était la bibliothèque. C'est là qu'on trouve les livres. Et vous savez quoi? Les livres, c'est ce que je préfère! Alors en entrant, j'ai crié:

— Oh! la la! Mais il y en a des milliards de milliards!

La dame de la bibliothèque m'a demandé de parler moins fort mais je n'y arrivais pas.

— Vous savez quoi, madame? Moi, j'adore les livres avec des images dedans! Ma mère, elle dit que les livres avec plein de mots, je les aimerai quand je serai grande! Elle dit pareil pour les tomates farcies.

J'ai un peu crié, alors le garçon pas très costaud m'a fait:

— Chut !

Je lui ai montré mon poing pour qu'il s'occupe de ses affaires à lui et il a regardé ailleurs.

Ensuite, on est allés à la cantine. La cantine, c'est là que les enfants mangent.

— Miam ! ai-je dit. Hum… ça sent bon, ici ! Ça sent… ça sent… les nouilles au fromage !

Cet idiot de Valentin s'est retourné, il se bouchait le nez.

— Aaaah ! Beurk de beurk ! a-t-il fait. On dirait ton odeur !

Lucille a rigolé et, moi, j'ai arrêté de lui donner la main.

Après, on a visité l'infirmerie.

C'est très joli comme endroit. Il y a deux petits lits où on peut se coucher. Et aussi des couvertures à rayures.

L'infirmière ne ressemble pas à une infirmière. Elle n'a même pas des habits blancs et des chaussures blanches. Notre infirmière à nous, elle a des couleurs normales.

Lucille a levé la main.

— Mon frère est venu ici l'année dernière. Il a dit que vous lui avez fait enlever ses chaussures et qu'après il a bu un verre d'eau en chaussettes !

Cet imbécile de Valentin s'est encore retourné. Il a dit à Lucille :

— Beuuurk ! Et toi aussi, tu pues des pieds !

Lucille lui a tiré la langue.

Alors, on s'est redonné la main.

5

Le directeur !

Après la visite de l'infirmerie, on est allés voir le bureau du directeur. Le directeur est le chef de toute l'école ! Et son bureau, c'est là qu'il habite.

Le directeur est très chauve.

Il nous a dit plein de choses et Lucille a levé la main pour parler aussi.

— Mon frère m'a dit qu'il a dû venir dans votre bureau, l'année

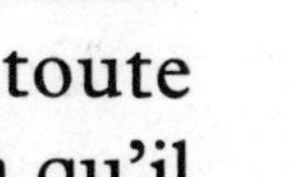

dernière. Et même que vous lui avez crié dessus ! Et même aussi qu'à cause de ça, maintenant, il n'a plus le droit de taper les autres à la récré !

Le directeur a un peu rigolé et il a ouvert sa porte pour qu'on sorte.

Après le directeur, on a vu le robinet d'eau potable. Madame Truc-Machin-Chose nous a laissés boire. Mais moi, je n'ai pas pu boire comme je voulais car il y avait plein d'enfants qui me bousculaient. Ils me criaient :

— Eh ! La fille ! Tu te dépêches !

— Eh ! La fille, ce n'est pas mon nom ! leur ai-je répondu.

— Oui ! a rigolé Lucille. Elle s'appelle Suzie-B. ! Suzie-Bécassine !

Mais moi, j'ai pas trouvé ça drôle.

Ensuite, madame Truc-Machin-Chose nous a montré où étaient les toilettes. Il y a deux sortes de toilettes dans mon école maternelle : des toilettes de garçons et des toilettes de filles. Moi, je peux pas aller dans des toilettes de garçons parce que c'est interdit aux filles, voilà pourquoi !

J'ai quand même essayé de passer ma tête par la porte de leurs toilettes, juste la tête. C'était seulement pour jeter un coup d'œil, mais madame Truc-Machin-Chose a levé son doigt vers moi.

Le seul garçon qui est allé en vrai aux toilettes, c'est le petit pas costaud. Celui que je pourrais battre facilement. Il se tortillait dans tous

les sens. Il sautillait en tenant le devant de son pantalon.

— Guillaume ? lui a demandé madame Truc-Machin-Chose. Tu as un besoin urgent, peut-être ?

Il a hurlé : « Ouiiii ! » et il s'est précipité dans ses toilettes de garçons.

Nous, pendant ce temps-là, on est repartis vers notre classe numéro neuf.

Lucille m'a montré ses ongles peints avec du vernis. Je les ai touchés.

— Mon vernis s'appelle *Cœur Framboise* ! m'a-t-elle expliqué.

— Moi, j'aimerais bien avoir aussi les ongles rouges mais je n'ai pas le droit. J'ai le droit que pour du brillant. Ma mère m'en prête, il s'appelle

Nacre ! Nacre, c'est un peu couleur bave…

— Je déteste couleur bave ! s'est écriée Lucille.

— Moi aussi ! ai-je répondu. Et je déteste aussi couleur jaune comme ce dégoûtant de car qui pue !

Lucille a secoué la tête pour dire qu'elle était d'accord avec moi.

— Mon frère dit que, quand on entre dans le car, il y a des enfants qui te versent du chocolat au lait sur la tête !

Pouf ! mon mal de ventre est revenu. Parce qu'il fallait que je prenne le car, moi, c'est pour ça.

— Dis donc ? Pourquoi tu me racontes ça, Lucille ? lui ai-je demandé avec ma voix pas très contente.

Quand on est revenus dans ma classe numéro neuf, on a fait encore du travail. C'était un jeu pour nous aider à apprendre le nom des autres.

J'ai appris Lucille. J'ai appris Charlotte et aussi Chloé. Et j'ai même appris le nom d'un garçon qui s'appelle comme la lessive de mamie Louise : Ariel !

La journée a continué comme ça. Et puis, soudain, madame Truc-Machin-Chose a tapé très fort dans ses mains.

— Bien ! Les enfants ! Rangez vos affaires ! C'est bientôt l'heure de la sonnerie…

Là, j'ai entendu un bruit dans le parking. C'était un horrible bruit de freins. J'ai regardé par la fenêtre et je l'ai vu… le car scolaire !

Il venait me chercher !

— Oh, non ! ai-je crié. Maintenant je vais recevoir du chocolat au lait sur la tête !

J'ai commencé à ronger mes ongles.

— En rang ! En rang ! a dit ma maîtresse. Et quand nous serons dehors, je veux tous les enfants qui prennent le car avec moi ! Les autres se dirigeront vers la grille…

Tout le monde s'est mis en rang. Moi, j'étais un peu la dernière.

Dès que la sonnerie a sonné, ma maîtresse est sortie. Toute la classe l'a suivie.

Sauf… devinez qui ?

Sauf moi !

6

La reine de la cachette !

Quand on est au bout du bout du rang, personne ne nous regarde. C'est pour ça que personne ne m'a vue quand je me suis cachée sous le bureau de la maîtresse.

Je suis la reine de la cachette ! Un jour, chez mamie Louise, je me suis cachée sous l'évier. J'ai attendu, j'ai poussé un grognement et je lui ai sauté dessus !

Je n'ai plus du tout le droit de faire

ça maintenant. Mais mon papy Jean m'a dit :

— Suzie-B., tu es la reine de la cachette !

Bon ! Je suis restée longtemps accroupie sous le bureau de la maîtresse. Et puis, j'ai pensé à une meilleure cachette ! Le grand placard au fond de la classe qui s'appelle « la réserve » !

J'ai couru là-bas à toute vitesse. Et je me suis glissée sous l'étagère du bas.

J'étais sur la pile des feuilles à dessin.

J'étais pas si mal. Sauf ma tête qui avait pas beaucoup de place. Et mes genoux qui étaient tout repliés comme pour la galipette.

Alors, j'ai tiré la porte pour la fermer. Presque.

Je suis restée sans bouger pendant des tas de minutes. Et puis, j'ai entendu des bruits dans le couloir. Il y a des pieds qui sont rentrés en courant dans ma classe numéro neuf. Je crois que c'étaient des pieds de grands.

— Que se passe-t-il ? a demandé une voix.

— J'ai perdu une de mes petites ! a dit une voix qui ressemblait à celle de madame Truc-Machin-Chose. Suzie-B. Joly ! Elle n'est pas montée dans le car ! Il faut absolument qu'on la retrouve !

Ensuite, j'ai entendu des pieds qui sortaient en courant et la porte qui se refermait.

Je suis quand même restée dans la réserve. Quand on est la reine de la cachette, on peut rester très, très longtemps sans bouger !

Je suis restée toute pliée et je me suis raconté une histoire. Pas une histoire à voix haute, une histoire dans ma tête. Elle s'appelait *Le Petit Cacheron rose*.

Je l'ai inventée moi-même. Voilà ce qu'elle racontait :

Il était une fois un petit Cacheron rose. Elle avait une cachette secrète à elle où personne ne pouvait la trouver. Jamais ! Mais elle avait la tête toute serrée. Et sa cervelle allait bientôt dégouliner par ses oreilles.

Mais elle ne pouvait quand même pas sortir car sinon... elle se ferait dévorer par l'énorme monstre jaune qui pue. Et aussi attaquer par des méchants avec du chocolat au lait !

Fin !

Ensuite, je me suis reposé un peu les yeux.

Se reposer les yeux, ça veut dire qu'on les ferme comme mon papy quand il regarde la télévision après le dîner. Et il se met à ronfler, et mamie Louise lui dit :

— Va donc te coucher, Jean !

C'est à la fois pareil que la sieste et pas pareil. Parce que la sieste, c'est pour les bébés, voilà !

En plus, moi, je n'ai pas ronflé. J'ai juste laissé ma bouche à peine ouverte.

Et puis quand mes yeux n'ont plus voulu se reposer, je suis sortie du placard.

J'ai couru à la fenêtre. Et vous savez quoi ?

Il n'y avait plus de voitures dans le parking ! Et plus non plus de car qui pue !

J'ai dit tout haut :

— Ouf ! Quel soulagement !

Un soulagement, c'est quand on n'a plus mal au ventre.

Ensuite, je suis retournée à la réserve. Parce que pendant que j'étais cachée, j'avais senti une odeur de pâte à modeler, voilà pourquoi. Et la pâte à modeler, c'est ce que je préfère !

— Eh ! Je la vois ! ai-je dit à voix haute.

La pâte à modeler était sur l'étagère du milieu. Je suis montée sur une chaise pour l'attraper.

C'était de la bleue. Toute dure. J'ai dû la rouler mille fois par terre pour qu'elle redevienne molle et chaude. Alors j'ai fait une orange bleue avec. C'était très joli. Sauf la poussière et les cheveux collés dessus.

Quand je n'ai plus eu envie de jouer, je suis allée m'asseoir sur la chaise de ma maîtresse, la grande. J'aime beaucoup les bureaux des maîtresses. Les tiroirs sont tellement profonds que je crois bien que je pourrais me cacher dedans.

J'ai ouvert le tiroir du haut. Il y avait des bons points, des élastiques et aussi des étoiles dorées que j'adore!

J'en ai collé une sur mon front.

Et puis, j'ai trouvé aussi des trombones... et des feutres rouges... et des crayons neufs même pas taillés... et des ciseaux... et une pochette de mouchoirs... et devinez quoi?

— Des craies! ai-je crié. Des craies toutes neuves dans leur boîte!

Alors, là, je me suis mise debout

sur ma chaise de maîtresse et j'ai frappé fort dans mes mains.

— Je veux que tout le monde trouve une place ! Je veux que tout le monde s'asseye aussi vite que possible ! Aujourd'hui, nous allons apprendre des lettres de l'alphabet et

faire un peu de lecture. Et je vais aussi vous apprendre à faire une orange bleue. Mais il faut d'abord que tout le monde me regarde dessiner !

Je me suis approchée du tableau et j'ai dessiné avec ma craie toute neuve. J'ai dessiné un haricot, une carotte et des cheveux frisés.

Et puis j'ai écrit des O.

Le O est la plus belle lettre que je préfère.

Après ça, j'ai salué et j'ai dit :

— Merci beaucoup ! Merci ! Maintenant, vous pouvez tous aller en récréation...

J'ai souri.

À tous. Sauf à Valentin, que je déteste, là !

7

Un petit coup d'œil ?

Au bout d'un moment, j'ai commencé à avoir quand même un peu soif. C'est ce qui arrive quand on a de la poussière de craie dans la gorge. J'ai dit :

— Je crois que j'aimerais bien avoir un verre d'eau…

Et j'ai mis mes mains sur mes hanches pour me répondre :

— Oui mais… qu'est-ce qui va se passer si on te voit au robinet ? On va rappeler cette espèce de car pourri

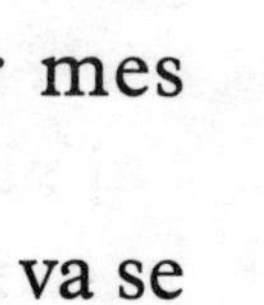

pour qu'il vienne te chercher... alors tu ferais mieux de pas y aller!

J'ai tapé du pied.

— Il FAUT que j'y aille! J'ai de la craie dans la gorge!

C'est là que j'ai eu une super idée! J'ai tiré ma chaise jusqu'à la porte et j'ai jeté un coup d'œil par la vitre au-dessus.

Je suis la reine aussi pour les coups d'œil.

Une fois, j'ai jeté un coup d'œil dans la bouche de mon papy Jean pendant qu'il dormait. Et j'ai même vu le truc qui gigote au fond. Mais je l'ai pas touché, je n'avais pas de petit bâton ni rien; c'est pour ça.

Je n'ai vu personne dans le couloir. Alors j'ai ouvert la porte, rien

qu'un peu. Et j'ai reniflé. Quand on renifle bien, on sait s'il y a quelqu'un dans les parages !

C'est mon chien Fripouille qui m'a appris à renifler. Les chiens, ça peut tout sentir. Alors que les gens peuvent sentir seulement les grosses odeurs comme les choses qui sentent mauvais, les fleurs ou ce qu'on va manger.

J'ai dit :

— Non... Je ne sens rien...

Alors, j'ai couru jusqu'au robinet et j'ai bu longtemps. Et il n'y avait personne pour me bousculer et me crier dessus : « Allez ! La fille ! Dépêche-toi ! »

Après, je me suis mise sur la pointe des pieds. Et j'ai marché comme ça jusqu'à la bibliothèque. Parce que, moi, j'adore cet endroit ! Vous vous souvenez ?

La bibliothèque, on dirait que c'est une forteresse. Et les étagères, ça serait les murs. Et les livres, ça serait les briques. Et si on veut, on peut enlever quelques livres pour faire un trou comme un judas.

Un judas, c'est un trou exprès pour espionner de l'autre côté.

Comme ça, quand on voit quelqu'un arriver, on peut retenir sa respiration et personne ne peut nous trouver !

J'ai espionné longtemps. Vraiment longtemps. Mais personne n'est venu. Dans la bibliothèque, il n'y avait que moi, moi et des poissons.

Les poissons nageaient dans un gros aquarium de verre. Je leur ai fait bonjour. Et aussi je les ai un peu énervés avec un crayon.

J'aime beaucoup les poissons. Surtout avec du riz.

Et puis alors, c'était génial de génial ! J'ai vu un truc qu'on voit des fois à la télé : un taille-crayon électrique ! Il était posé au milieu du bureau de la bibliothécaire. J'ai crié :

— Oh ! Oh ! Je crois bien que je sais comment ça marche !

J'ai fouillé les tiroirs du bureau… et vous savez quoi ? Il y avait plein de crayons super neufs et bien droits au bout !

Alors, je les ai taillés !

C'était super rigolo ! Parce que les

taille-crayons électriques, ça fait un très joli bruit. Et aussi parce que ça rend les crayons minuscules ! On les pousse dans le petit trou et *vvvv-vrrrrr...* Plus on pousse, plus ils deviennent petits !

C'est dommage mais ça ne marche pas avec les feutres. Je le sais, j'ai essayé avec un rouge. Au début, le taille-crayon a fait le *vvvvrrrr...* mais il est allé de plus en plus lentement. Et puis, il a fait un petit *bvvv*, comme ça, tout bas. Et puis, il n'a plus rien fait du tout.

C'est à ce moment-là que j'ai entendu un bruit. C'étaient encore des pieds qui marchaient. Ça m'a fait peur. Parce que je ne voulais pas qu'on me trouve !

Je me suis accroupie et j'ai jeté un coup d'œil par mon trou de judas dans les livres.

J'ai vu un monsieur avec une poubelle ! Il chantait : « *Hé ho ! Hé ho ! On rentre du boulot !* » Je la connais, cette chanson. Les sept nains de *Blanche-Neige* la chantent quand ils ont fini leur boulot à eux dans la mine de diamants.

Le monsieur de la poubelle ne m'a pas vue. Il a marché jusqu'au bout du couloir. Ensuite, il est sorti. Je suis restée accroupie drôlement longtemps mais il n'est pas revenu.

— Ouf! ai-je dit tout haut. On a eu chaud !

Et je suis partie de là en courant pour dénicher une meilleure cachette !

8

L'infirmerie, c'est dangereux !

Devinez où je suis allée ? Direct à l'infirmerie ! Pour me cacher sous les petites couvertures à rayures, tiens !

Il y a plein de trucs chouettes là-bas. Comme la balance pour savoir si on est lourd ou la pancarte avec le gros Z et toutes les autres lettres.

L'infirmière se sert de cette pancarte pour tester nos yeux. Elle montre une lettre et il faut crier ce que c'est.

C'est pour le Z qu'il faut crier le plus fort parce que c'est le plus gros.

Et devinez ce que j'ai vu encore à l'infirmerie ? Des pansements comme j'adore !

Ils étaient dans une boîte sur le bureau. Alors j'ai ouvert le couvercle et j'ai reniflé.

— Miammm...

Les sparadraps, ça sent comme les ballons qu'on gonfle.

J'ai vidé la boîte sur le bureau. J'en avais jamais vu des aussi beaux ! Il y en avait des bleus, des rouges, des verts ! Et, bon ! également des jaunes, ma couleur que je déteste.

Ils étaient carrés, ronds, de toutes les formes, de toutes les longueurs. Moi, j'ai mis un rond vert sur mon genou. C'est là que je me suis coupée quand je suis tombée sur le trottoir, la semaine dernière. C'est presque guéri maintenant. Mais quand j'appuie très, très fort dessus avec mon pouce, ça fait encore un petit peu mal.

Après ça, j'ai mis un rond bleu sur mon doigt. À cause de l'écharde de la table de pique-nique. Maman me l'a retirée avec sa pince à épiler mais je crois qu'il me reste encore un peu de table dans le doigt.

Ensuite, j'ai mis un carré rouge sur mon bras que Fripouille a griffé. Parce que je l'avais énervé.

Et puis, j'ai vu le gilet violet de l'infirmière. Il était accroché au dossier de sa chaise.

Je l'ai enfilé.

— Maintenant, c'est moi, l'infirmière ! ai-je dit.

Je me suis assise et j'ai fait semblant d'appeler l'hôpital.

— Allô... l'hôpital ? Ouiii... C'est moi ! L'infirmière ! Euh... J'ai besoin de pansements... Euh... d'aspirine et de sirop à la fraise pour la toux ! Mais pas celui qui chatouille la langue, hein ? Il me faudrait aussi... des sucettes pour les enfants qui vont avoir des piqûres... Et puis encore un petit bâton s'il faut que je touche le truc qui gigote au fond de la gorge de quelqu'un !

Et j'ai fait semblant aussi d'appeler la classe numéro neuf.

— Allôôô... Madame Truc-Machin-Chose ? C'est l'infirmière !

Vous pouvez m'envoyer Valentin, là ? Oui ! C'est urgent ! Il faut que je lui fasse un vaccin !

Je raccrochais quand j'ai vu une des choses que je préfère le plus au monde. Elles étaient à côté de la porte, ça s'appelle des béquilles.

Les béquilles, c'est pour ceux qui se cassent une jambe. Le docteur leur met un gros plâtre blanc avec juste les doigts de pied qui dépassent. Mais comme ils ne peuvent pas marcher vraiment, ils ont des béquilles pour se balancer.

J'ai couru les prendre. Et je les ai coincées sous mes bras. Mais elles étaient beaucoup trop grandes pour que je me balance bien. Alors j'ai eu une autre idée ! Je les ai portées

jusqu'à la chaise de l'infirmière et je suis montée dessus. J'étais très grande comme ça. Je les ai calées sous mes bras, elles m'allaient drôlement bien.

Ensuite, je me suis approchée du bord de la chaise et je me suis baissée très lentement.

Sauf qu'il s'est passé quelque chose d'horrible ! C'était une chaise à roulettes ! Elle a reculé et, moi, je suis restée accrochée aux béquilles ! Les pieds dans le vide ! Ça bougeait là-haut ! Ça bougeait !

— EH ! ai-je crié. DESCENDEZ-MOI DE LÀ !

J'ai commencé à me tortiller, une béquille a glissé et, moi, je me suis écrasée par terre ! Et paf ! La tête contre le bureau !

AGMUPFBI
DHXCHNS
RJLQV
TYEOK
WZ

— OUILLE ! OUILLE ! OUILLE !

Alors, j'ai repris le téléphone et j'ai dit :

— Je démissionne de cette nullité de boulot !

Et je suis sortie de là très vite. Parce que l'infirmerie est un endroit trop dangereux.

Et que les béquilles, ce n'est plus du tout une chose que je préfère !

9

À toute vitesse !

J'aime bien courir à l'intérieur de l'école.

C'est plus rigolo que de courir à l'intérieur de la maison. À l'école, on peut foncer les bras ouverts pour faire l'avion. On ne se cogne pas contre les meubles ! Et on ne casse pas la statue d'oiseau de maman ! C'était une mésange, je crois.

J'ai fait l'avion jusqu'à la cantine pour me cacher sous les tables.

Il y en a plein. Mais quand j'ai voulu ouvrir la porte, elle était fermée à clef!

Alors, j'ai couru jusqu'à une autre salle, de l'autre côté du couloir. Mais cette idiote de porte était fermée aussi!

— Eh? ai-je demandé. Qui ferme tout comme ça?

Et puis, j'ai commencé à me tortiller un peu parce que j'avais un petit problème. Le genre de petit problème où on dit: « C'est personnel! »

Un petit problème qui a à voir avec les toilettes…

Alors, il a fallu que je file jusqu'au bout du couloir! Aux toilettes des filles!

Mais devinez quoi ? Quand je suis arrivée là, cette porte-là aussi était fermée à clef !

Alors, j'ai donné des coups de pied dedans. Et je me suis accrochée à la poignée ! Parce que, moi, je fais dix-huit kilos !

— OUVREZ ! ai-je crié. ET JE NE RIGOLE PAS !

Mais la porte ne voulait même pas s'ouvrir.

— C'EST URGENT !

Et puis, je me suis souvenue du garçon pas costaud. Lui aussi, il avait eu un besoin urgent. Et il avait été dans les toilettes des garçons.

Alors je me suis précipitée de l'autre côté du couloir. Et j'ai tiré

sur la porte des toilettes des garçons. Fermée aussi !

— ESPÈCES DE NULLITÉS DE PORTES POURRIES !

Après ça, j'ai commencé à sautiller drôlement vite.

— OH NON ! JE VAIS AVOIR UN ACCIDENT SUR MA JUPE DOUCE !

Et je me suis rappelé un truc ! Ma mère m'avait dit quoi faire en cas d'urgence.

Il faut appeler le 17 !

Alors, je suis retournée dare-dare à l'infirmerie même si elle est dangereuse. Parce qu'il y a un téléphone, bien sûr ! J'ai décroché, j'ai appuyé sur le 1, j'ai appuyé sur le 7...

— AU SECOURS ! ai-je hurlé. C'EST POUR UN BESOIN URGENT ! Toutes les

AU SECOURS

portes sont fermées à clef dans cette baraque ! Je vais avoir un accident HORRIBLE !

La voix dans le téléphone me disait de me calmer.

— MAIS JE PEUX PAS ! Parce que j'ai un gros problème très gros : je suis toute seule ! Il faut qu'on m'aide !

Alors, la dame m'a encore dit de me calmer. Mais, moi, je n'y arrivais pas. J'ai raccroché et je suis sortie de l'infirmerie en courant.

Et j'ai couru, j'ai couru jusqu'aux grandes portes au bout du couloir.

Et puis, j'ai encore couru pour sortir. Parce qu'il y avait peut-être des toilettes de l'autre côté.

Mais j'en ai pas vu.

Tout ce que j'ai entendu, c'étaient des sirènes. Des sirènes qui hurlaient partout !

Et elles s'approchaient !

Et une voiture de pompiers rouge est arrivée à toute vitesse ! Et une voiture de police bleue ! Et une ambulance blanche avec une croix rouge !

Et vous savez quoi ? Elles sont entrées à toute vitesse dans le parking de l'école !

Moi, j'ai arrêté de gigoter une seconde pour renifler. J'ai reniflé le plus que je pouvais ! Mais je n'ai pas senti de fumée.

J'ai entendu une grosse voix pas contente du tout. Elle a crié :

— HÉ ! MADEMOISELLE, LÀ ! ATTENDS UN PEU !

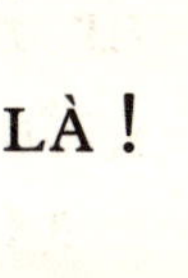

Ça m'a fait très peur. Parce que Mademoiselle, c'est comme ça qu'on m'appelle quand on me gronde très fort.

Je me suis retournée et j'ai vu le monsieur de la poubelle ! Et il courait pour m'attraper !

— Hé ! Attends ici ! a-t-il encore crié.

Et là, je me suis mise à pleurer.

— Oui mais... c'est ça, le problème ! lui ai-je dit. Je ne peux plus attendre, moi ! J'ai attendu tout ce que je pouvais ! Toutes les toilettes sont fermées à clef... Et là, c'est sûr de sûr que je vais avoir un accident !

Alors le monsieur de la poubelle a perdu son air fâché.

— Eh bien ? Pourquoi tu ne l'as pas dit plus tôt ?

Il a sorti un gros tas de clefs de sa poche et il m'a prise par la main.

Et puis, lui et moi, on a foncé dans l'école.

À toute vitesse !

10

Chloé...

Le monsieur de la poubelle a ouvert la porte des toilettes des filles. Et je me suis précipitée dedans !

Et vous savez quoi ? J'y suis arrivée, voilà ! Je n'ai même pas eu d'accident sur ma jupe douce !

— Ouf ! On a eu chaud ! ai-je dit.

Et je me suis lavé les mains dans le lavabo. Et aussi je me suis regardée dans la glace, juste au-dessus, pour voir la petite étoile dorée collée sur mon front.

C'était très, très joli !

Après, je suis retournée dans le couloir et le monsieur de la poubelle s'est penché vers moi.

— Tout va bien, maintenant ? m'a-t-il demandé.

Moi, j'ai dit oui avec la tête.

— Et j'ai pas eu d'accident !

Et puis, tout d'un coup, il y a eu plein de gens. Ils couraient vers nous !

C'étaient des pompiers. Et des policiers. Et une grande dame qui poussait un lit très haut avec des roues.

— Dites donc, ai-je demandé au monsieur de la poubelle. Qu'est-ce qui se passe ici ? Il y a quelqu'un qui s'est fait écraser ou quoi ?

Et puis, j'ai vu madame Truc-

Machin-Chose, et le directeur et aussi maman. Eux aussi, ils couraient !

Maman s'est baissée et elle m'a serrée très fort dans ses bras.

Et tout le monde s'est mis à parler en même temps. Et personne ne souriait.

Le directeur m'a posé un milliard de millions de questions. Il voulait savoir où j'étais pendant tout ce temps-là.

— Je suis la reine de la cachette ! lui ai-je répondu.

Le directeur a pris un air pas content. Il a dit que je n'avais plus le droit de faire ça.

— Quand tu vas à l'école, tu dois respecter les règles ! a-t-il dit. Suzie-B… Qu'est-ce qui se passerait si tous

les petits garçons et toutes les petites filles se cachaient après l'école ?

— On serait super serrés dans la réserve !

Il a fait les yeux noirs.

— Mais on serait inquiets ! On ne saurait pas où sont les enfants !

— Ben si ! Puisqu'on serait tous dans le placard !

Le directeur a regardé le plafond. J'ai levé les yeux aussi mais je n'ai rien vu là-haut, comme d'habitude.

Après ça, maman a regardé mon pansement. Elle a demandé :

— Tu t'es fait mal, ma Suzie-B. ?

Alors, je lui ai raconté l'infirmerie qui est dangereuse. Et puis, je lui ai montré le gilet de l'infirmière. Et elle m'a obligée à le rendre !

Ensuite, les pompiers et les policiers ont commencé à partir, la grande dame avec le lit à roulettes aussi.

À la fin, maman m'a ramenée à la maison. Et vous savez quoi ? Je ne suis pas rentrée avec ce dégoûtant de car qui pue !

Sauf que la voiture, ce n'était pas terrible non plus. Parce que maman était fâchée contre moi. Voilà pourquoi.

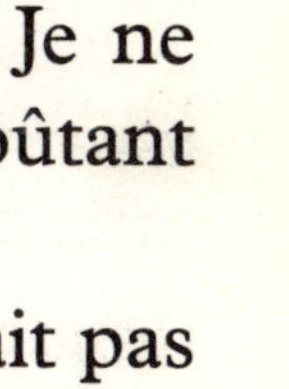

— Je suis désolée que tu n'aies pas trouvé le car amusant, Suzie-B., m'a-t-elle dit. Mais ce que tu as fait est très, très mal ! Tu as vu ce que tu as déclenché ? Tous ces gens ont eu très peur à cause de toi !

— Oui mais, moi, je ne voulais pas avoir du chocolat au lait sur la tête dans le car !

— Ça n'existe pas ! a grondé maman. Et tu ne peux pas décider toute seule de ne pas prendre le car ! Des centaines d'enfants le prennent tous les jours. S'ils peuvent le faire, toi aussi !

Mes yeux sont redevenus mouillés.

— Oui mais, il y a des méchants dedans ! ai-je dit en reniflant.

Alors maman a arrêté d'être fâchée et elle m'a demandé :

— Et si tu avais une copine pour prendre le car avec toi ? Ta maîtresse m'a dit qu'une petite fille de ta classe doit le prendre pour la première fois demain. Vous pourriez peut-être vous asseoir ensemble ? Est-ce que ça te plairait ?

J'ai bougé mes épaules.

— Elle s'appelle Chloé, a dit maman.

— Chloé ? Mais je la connais ! Je l'ai apprise aujourd'hui !

Alors, quand on est rentrées, maman a téléphoné à la mère de Chloé. Et puis, elles ont parlé et parlé. Et puis, moi et Chloé, on a

parlé aussi. J'ai dit : « Salut ! » et elle a dit : « Salut ! » Et elle dit qu'elle voulait bien s'asseoir à côté de moi.

Alors, demain, je vais prendre mon petit sac rouge pour aller dans le car. Et mon sac rouge, je vais le poser sur le siège d'à côté ! Comme ça, personne ne pourra s'asseoir sur la place à côté de moi.

Personne, sauf Chloé, bien sûr !

Et alors, elle et moi, on deviendra peut-être copines. Et on pourra se tenir la main. Comme moi et Lucille.

Ça, ça va me plaire, je pense.

Et puis, vous savez quoi ?

Je crois que, demain, je vais un tout petit peu aimer le jaune.

Dans la même collection

Suzie la chipie

1. Mon tout premier jour d'école
2. Le drôle de ouistiti
3. La pipelette bavarde
4. L'espionne en cachette
5. La mauvaise perdante
6. L'anniversaire de cet idiot de Valentin
7. Oh ! l'amoureuse !

Composition : Francisco *Compo*
61290 Longny-au-Perche

Impression réalisée sur Presse Offset par

BRODARD & TAUPIN

GROUPE CPI

La Flèche (Sarthe), le 14-04-2005
N° d'impression : 29130

Dépôt légal : mai 2004

Suite du premier tirage : avril 2005

Imprimé en France

POCKET jeunesse
12, avenue d'Italie • 75627 PARIS Cedex 13

Tél. : 01.44.16.05.00